꽃도 아닌 것이 꽃이라는 이름을 달고

김용식 시집

문학의전당 시인선
399

꽃도 아닌 것이 꽃이라는 이름을 달고

김용식 시집

문학의전당

시인의 말

연주곡 첫 음을 잡지 못하고 있을 때
엄마에 대한 그리움이 치솟을 때
사철 꽃들이 피고 지는 곳에서 일상이 보일 때
계절 따라 감성이 이동할 때
숨을 고르며
숨결을 만들었습니다.

마음의 음률 따라
엄마이어도 엄마가 보고픈 꽃길 따라
보폭을 맞추며
바람이 남긴
숨결의 흔적을 담았습니다.

그리고
그 자리에 시집을 놓습니다.

2025년 11월
김용식

차례   시인의 말

제1부

한 우물 속　13
청춘, 아직은　14
도시의 악사　16
태엽을 감다　17
연습실 골방에서　18
눈부처　20
편두통　21
언어의 온도는 과부하　22
다초점 안경　24
은파호수　25
고도리　26
한 턱과 두 턱 사이　28
발바닥　29
백수의 어느 하루　30
오류에 갇히다　32

제2부

비밀을 적립하다 35
맑은 물 36
능력자 37
데칼코마니 38
숨결 40
해무 41
버킷리스트를 채워가며 42
낡은 간판 읽기 44
별 여행 46
하얀 박꽃 47
입분(立粉) 여사 48
백세 50
알 수 없는 이유 51
궁짝거리는 여자 52
매우(梅雨) 54

제3부

꽃의 별곡─비단풀꽃　57
유혹　58
꽃의 별곡─바늘꽃　60
뱀딸기　61
꽃의 별곡─데이지　62
강아지풀　64
꽃의 별곡─석곡　65
밤공기가 붉다　66
꽃의 별곡─메밀꽃　68
구름을 조각하다　69
꽃의 별곡─에키나시아　70
겨우살이　71
꽃의 별곡─동백꽃　72
거울 꽃　74
꽃의 별곡─목백일홍　75
해바라기　76

제4부

밥상머리　79
바람결　80
은행나무와 비둘기　82
좌수영 성지 푸조나무　83
오늘　84
카톡질　86
외식　87
방향 잃은 입씨름　88
현문우답　90
토렴 기술자　92
해파리냉채　93
무언가(無言歌)　94
벽화　96
수박　97
텃, 세　98
절세(節稅) 미인　100

해설 | 고독과 존재와 은유의 언어들　101
　　　권혁재(시인)

제1부

한 우물 속

우물 속을 읽는다는 건
미지의 수맥들을 짚어보는 일이다
햇살 부서져 내릴 때
빈 박을 엎는 아낙
울컥울컥 터져버리는 얕은 감정을
찰바당 다잡아 챈다
고요를 길어 올리는
음계의 계율은 삼엄하다
아낙의 허리를 휘감고 도는 물결
한 굽이 짠 설움이 리듬을 타는지
깊은 우물 바닥이 출렁이고
터져 나온 아낙의 깊은 한숨이
한 소절 음계를 뱉어낸다
우물에 빠진 박을 건져
한 모금의 소리를 완성한다

청춘, 아직은

생의 허리를 건넜다
짧아져 가는 나이에
예의를 표하기로 한다
성글게 올라서는 흰머리를
자연 갈색으로 감추어도
이내 들이미는 세월의 반란
나의 청춘은 진행 중이다
흰머리쯤이야 적당히 따돌리고
가늘게 자리 잡는 주름쯤이야
무시하면 그만이다
낭창거리는 허리로 나만의 스텝을 밟고
뭉툭해지는 목소리로 세상의 음표들을 평정하리
짙푸른 잎들보다 아름다운 건 단풍이다
뿌리로 깊어지며
나만의 삶을 들어 올리는 중이다
가끔은 폭풍우도 만나겠지만
그쯤이야 거뜬하다
하나의 문장으로

하나의 시어로
중년의 시간을 꽃피우련다

아직 싱싱하잖은가

도시의 악사

소리의 기둥이 날카롭다
감성을 건드려 보아도
입김으로 혼을 불어넣어도
숨결에 들어서는 순간
소리가 조각나고 만다
엄지와 검지로 다잡는 음계들
메트로놈 리듬은 간헐적 유배에 든다
손가락 사이로 빠져나간 소리를 끌어당기며
불콰해진 리듬을 탄다
더러는 입을 맞추고 거친 호흡을 들이켜며
들썩이지 않는 어깨에서 깨어나는 박자들
음계를 훔치는 자
소리를 다스릴 것이며
소리의 장벽을 허무는 자
앞서가는 소리를 당길 것이다
민감한 소리를 한 호흡으로 조절하는 나는
이 도시의 악사다

태엽을 감다

몇 개의 모래알이 으적거린다
그 몇 알로 이별을 말하기에는
턱도 없으리니
돌처럼 단단해지는 소문들
말 없는 말은 바람을 타고
시간의 추를 돌린다
태엽을 감는 일은
소문을 걸러내는 일이며
분침과 초침 사이의
바람을 눕히는 일이다
태엽을 감았다 풀 때마다
쏟아지는 갈등
바람의 내력으로
이별의 방식을 기록하고 있다

연습실 골방에서

호흡이 전부일 때가 있다
두우 투우, 호흡과 혀가 앞다투게 되면
혀끝은 서두름과 멈춤의 갈등에서 방황한다
정답은 없고 해답을 찾다 보면
가끔 목관을 통하여 별미가 나오기도 한다
술이 고플 땐 첫 잔으로도 달콤한 세레나데가 되는데
첫 음부터 갈피를 잡지 못하니 에둘러도 쓰디쓰다
뱃속부터 오르는 깊은 호흡이
오류를 범할 땐 똬리 튼 음표들이 구령치기를 한다
머리에 찍힌 부점과 기둥에 달린 꼬리, 꼬리에 꼬리
꼬리가 달린 건 다 거부하고 싶다
감추고 싶은 허점을 들킬라치면
도둑숨으로 마신 긴장감이 제 침에 걸려
조여든 목이 컥컥거리다
골방 한쪽에 숨어든다
새끼손가락에 찔린 콧구멍이
뭉개진 소리처럼 야속하다
순간의 정적은 지휘봉에 잘려버린 낭패로

한 가닥 숨조차 눈치 거리다
언제 멈춰야 할지 모르는 골방지기는
종일 벽면 수행 중
아직도 깨닫지 못한 한 숨이다

눈부처

비취색 바다가 몽환적으로 다가오던 날
음표와 말줄임표가 공존한다지
부력으로 떠오른 날을 짚다
시월 열두 번째 날이라며
달빛과 마주한 물비늘은
동공으로 쏟아진다지
지평선과 수평선을 당기자
내 안의 팽팽한 고요는
한 소절의 음표로 출렁이고
감았다 뜨는 파도의 행간마다
달빛이 피어난다

후렴처럼
너를 본다

편두통

언제부터인지 들여다보지 못한 공간에
거미가 보인다
방적돌기 얽히고설킨 점액의 표적 판
사뿐사뿐 거미의 곡예가 한창이다
걸려들었다
찌릿한 파열음이 관자놀이를 건드리자
씨줄 날줄의 변명이 곤두서고
9월의 몇 날이 삭제되었다
거미줄 회로가 엉켰는지
고장 난 속내가 요동치며 밀려난다
벽시계도 무통 주사를 맞았는지
맞은편 벽이 고요하다
죽은 세포를 집어내고도
헛뿌리 같은 거미줄
허공을 현란하게 엮어낸다
잠깐의 기밀 하나
머리맡에서 묵직하다

언어의 온도는 과부하

종일 걷는 숲에서
갑자기 내린 작달비에
지도 하나가 잠겨 있다
솟아오른 자작나무 사이
자분자분 바람을 불러내어
헐거워진 옹이를 다독이고 있다
다 쏟아내지 못한 것은
다 채워지지 못한 것이라고
선 하나 그려 빗금을 치고 있다
언어의 온도가 과부하 되어
자작자작 끓어오른다
속살 드러낸 접점에
거센 비바람이 온도를 더한다
수피가 터지는 고통과 가지 꺾인 위로가
비 그친 하늘을 밝힌다
숲이 구름을 초대하기 좋은 날이다
누추하게 젖어 있는 나와
새싹이 돋는 옹이는 홀쭉하지만

알 수 없는 시간의 빛으로
숲은 자작댄다
자작나무 등걸에 기댄 말들이 평온을 되찾고
작달비,
숲의 오후를 스케치하고 있다

다초점 안경

결국, 졸보기는
동거하기로 협의하고 만다
돋보기가 거만하게 말하길
백 미터 미인이었군
콧대는 그렇다 쳐도
눈은 내리깔아라

은파호수

무작정 찾은 은파호수*
은파를 난파라고 곱씹는데
노래 한 구절 출렁인다
은파든 난파든
가을을 만나기엔 제격이리라
지나는 바람에 낙엽이 내려앉자
일렁이는 윤슬이 바삭거리고
나를 따라오던 계절이
잠시 주둔군처럼 앉아 있는 은파
끝내 난파를 찾아내었는지
여물지 않은 햇살이
호수를 걷는다
가을이 완성되었다

---

*은파호수: 전북 군산시 옥산면 소재.

고도리*

거센 바람이 인다
이마에 질끈 동여맨 살의가 일어설 때
그는 칼날을 세운다
한잔 술기가 너무 컸는가
망나니, 남의 금수저를 들고 춤을 추는데
피바람을 날리는 금니에서
충돌하는 빛이 칼날에 앉는다
남의 것을 내 것이라 칭하는 자
날렵하면서 고통 없이 날리는 찰나
하나의 세상이 멈춘다

그보다 더 고약한 자가 고도리 판을 깐다
한 판으로 끝나진 않는다
조금씩 조이는 숨통을
한 번에 끝내긴 어림없는 일이다
한숨한숨 짤막하게 조이는 손끝
고도리, 남은 한 수마저 옥죄는 자
높디높은 포도청 밖에 잘 깔아 놓은 무대에서

숨을 거두어간다

돌풍이 인다
짜인 각본대로
누군가의 죽음이 완성된다

---
*고도리: 조선시대 포도청에서 죄인의 목을 졸라 죽이는 사람.

한 턱과 두 턱 사이

산을 오르는 일은
앞사람의 호흡을 다시금 밀어 올리는 일
생을 굳히며 줄기의 근원이 되기도 하는 것
어긋나거나 삐걱대는 모퉁이에서
생의 타래를 뽑아내기도 한다
이정표 없는 길을 찾을 때마다
휘어진 행로를 뒤적여본다
짧게 머물 인생의 경로를 더듬는다
다시, 자연에 섞여
한 턱과 두 턱 사이
산을 오른다
내가 깎아낸 한 시절이
어느 중턱에선가 호흡을 조율하고 있을 것이다
그곳에서 짧게 숨 고르는 너와
잘 삭힌 홍어에 탁주 한 잔
걸쳐도 좋을 일이다

발바닥

훌러덩 벗어젖히고 세세히 씻어 내었으나
미처 벗어내지 못한 빈 껍질
산자락 굽어진 길목들을 읽어내며
숱하게 오르내린 생의 한복판이 뜨겁다
발바닥의 미세한 촉수는
심장의 말을 눈치챘는지
중년의 한편에서 숨 고르기를 하고 있다
온갖 길을 다 꿰찬 바닥
냉혹한 흔적까지 고스란히 지나와서야
순응하는 발을 본다
지나온 길마다
부서져 내린 각질의 읍소
골골이 파여 있는 자국들이
촉촉한 싹을 틔우고
바닥은 언제나 단단한 자국이다

백수의 어느 하루

햇살은
누워 있는 꼴을 보지 못하고
거실을 기웃대더니
백수의 동선을 따라 야금야금 파먹는다
시곗바늘이 십이와 십팔에 꽂힌 걸 힐끗거리다
게으름을 파먹은 퀴퀴한 냄새 때문에
다시 빨아 말린 바지를 입는다
슬리퍼를 신고 강아지 목줄을 잡는다
밖에만 나오면 표식을 남기는 멍멍이
온 동네가 제 것이니 땅 부자다
뒤처리 수습을 위한 휴지를 따라 나온
또 다른 조각 한 장
그 흔한 행운조차도 허락지 않은 로또 복권
깊은 배바지 주머니에서
돌고 돌다 깊이 숨어버린 덩어리
어쩌면 이것이 내 생의 행운이었을까
짧은 아쉬움을 킁킁대는 햇살에 내준 채
멍멍이 줄을 당긴다

풀밭에 뒹굴며 종족의 냄새를 맡다가
목줄에 끌려가는 백수의 긴 그림자가
석양에 먹힌다
별 한 그릇 담긴 개밥그릇에
백수의 하루가 지그시 담긴다

오류에 갇히다

운전 중에
발주서의 오류 내용을 듣는다
어느 틈에 도톰하게 만들어진 물결은
끊긴 필라멘트처럼 찌릿한 흔들림이다
순간의 긴장이 무너지며 달리는 길이 휘청거린다
멈추어라, 멈추어라
기억의 회로가 이정표 놓친 교차로처럼
나를 가둔다
일만 삼천 킬로그램 곱하기 삼천 원은 얼마야
밀폐된 공기 속으로 흩어지는 절망
세상의 오류들이란
늘 예기치 않는 곳에서 터지기 마련인지
생각을 디디는 곳마다 허방이다
발주의 오류는 누구에게도 걸러지지 못하고
원자재는 난도질당한 채 도착이다
뒤엉킨 회로들
도무지 끝날 것 같지 않은 막막함을 뒤적이다
고비, 시간에 울컥하다

제2부

비밀을 적립하다

내 몸에 구덩이가 있어
상실된 기억이 서서히 쌓인다
기억을 훔쳐내는 혼돈이
빈처의 안갯속으로 흘러든다
빠르면서도 허술한 속도로
불시착한 날개가 관자놀이에 붙었다가
시간이 후려친 듯 빠져나가고 있다
서서히 적립되어 가는 기억
서로 응집된 편린들은
제멋대로 왔다 제멋대로 간다
순간순간 적립되는 망각이 있다
냉장고 앞에서 화장실 앞에서
시도 때도 없이 조여 오는 기억의 올가미들
외출하려 현관문을 닫는다, …….
열었다 ……, 다시 닫는다
빈처의 안갯속을 들락거리며
비밀 아닌 비밀을 적립하고 있다

맑은 물

매주 목요일 노모는 목욕을 한다
목요일이 되면 공주가 되어
목욕 준비를 하는 딸을 바라본다
모로 누운 자세로 그윽한 눈빛과 자태
나도 모르게 뱉은 말
―엄마, 마릴린 먼로 같아요
―뭐? 맑은 물이라고?

그렇다
엄마는 맑은 물 같다

능력자

마음이 과거에 있는 여자는
아프지 않아
현재가 과거이고
미래가 과거에 있는 여자는
작별하지 않아
오 초 전의 것을
아주 오래된 일로 만드는 방
비밀의 문을 가진 젊은 여자
구십사 년을 보내고도 열일곱에 머무는
비밀의 열쇠를 가진
어여쁜 소녀

데칼코마니

바람인가
숭숭 뚫린 지청구를 듣다가
가시 돋은 말들이 뒤범벅되었을 때
자박자박 다가와서 말을 건다
닮은 듯 닮지 않은 언밸런스의 배신
네가 앓고 있는 나와
내가 앓고 있는 네가
말의 축으로 중심을 잡는 것은
마음의 맥을 잡아내고 있기 때문이다
옳거나 그르다는 건 중요치 않아
다른 것을 인정하며
닮은 언어를 그려내기에
사적인 방식들이 접혔다 펴지면서
시간의 색깔이 촘촘해진다
말에도 피가 흐르다 보니
시간에도 혈흔이 생긴다
데칼코마니
그렇게 마주하고 있는 온전한 균형으로

서로 닮아 가는 건
다행스러운 일이다

숨결

아이의 울음 받는 할매
어린 숨결이 손끝에 닿는다
봉씨 가문의 한 가계가 뭉클하다
먼저 간 할배의 흐뭇함인지
요람에 감싸인 듯한 구름
빌고 빌었던 기도발에 화답하듯
아이의 울음소리가 우렁차다
숨결을 몰아쉬는 아이의 얼굴에서
한 세기의 가계가 고스란히 드러나고
할매는 안도의 숨을 토해낸다
고운 숨결이 햇살처럼 안긴다

해무

살다 보니 노인이 되어버렸다

섬 하나가 순식간에 삼켜지고
섬은 나를 삼키려 든다

밥을 먹은 적이 없는 것처럼
배고픔은 밥맛을 모른다

꾸역꾸역 기억을 삼키는 나는
헛배만 부르다

돌아보니
낯익은 노인이 서 있다

버킷리스트를 채워가며

생이 나를 부추겨
장점 열 개만 적어 보라 한다
장점도 단점도 적으려니 두서너 개뿐
지우개 똥만 수십 가지다
장점 백 개와 단점 백 개를 적어 보러니
술술술 잘도 나오는 것은
한 냥 가진 사람보다
구십구 냥 가진 사람의 욕심이 커서일까
버킷리스트 서너 개 더 적는다
다할 수 있을까
고작 몇 개 추려 놓고
괜한 나이만 센다
다하지 못하면 어떠리
하나뿐이면 어떠랴
양동이에 담긴 건 구정물뿐
그 구정물도 텃밭에 뿌리고 없는데
백 개를 채워가는 것
하고 싶은 것 다 하라는

그런 소망 하나쯤 가지고
그늘이 업적인 팽나무 밑에 앉는다

낡은 간판 읽기

1.
노파의 면도 기술은
해마다 일취월장이다
나이가 들수록
현란한 비기가 늘었는지
그녀 앞에서
얌전히 목을 늘이는 사람들
아직 자라지 않은 속내까지
화끈하게 밀어낸다
와우, 핸섬가이 대열에 내리꽂는
저 고급 기술은 죽여주잖는가

2.
노파의 나이만큼
고객의 턱선도 힘이 없다
늙은 고객이 말한다
―내 오는 날까진 가운 벗지 마시게
빛바랜 가운이 시퍼런 칼날처럼 반짝인다

―요즘 눈이 침침해 잘 보이지 않아
아차, 날카로운 칼날에
살짝 턱선이 비켜 가고

낡은 간판이 덜컹 비명 소리를 내지른다

별 여행

별 아가야
초롱 별로 태어난 아가야
훌쩍 떠난 여행길이 두렵지 않았는지
남겨 놓은 사랑이 아프지 않았는지
올려다본 하늘에 그리움만 돋는구나

아가야
별 아가야
네가 보낸 별똥별이 안부겠지
별똥별 떨어질 때
그 사랑 내가 품을게

아가야
별 아가야
까만 밤 흐르는 은하수
그리움 강으로 흘러
이 마음
너를 향해 달려가는구나

하얀 박꽃

음음, 음음, 음음,
노파의 구음은
낡은 시곗바늘 소리와 같이 간다
배고프세요?
야
배부르세요?
야
어떤 질문에도 대답은 긍정이다
무슨 생각이 그리 많은지
하나둘셋넷다섯
숫자에 한 시절이 멈추고
여섯일곱여덟아홉열
다시 젊음을 피워내는 것일까
숫자 속 회로를 따라
살포시 웃는다
하얀 박꽃처럼

입분(立粉) 여사

그리 멀지 않은 곳에 있는
입분(立粉) 여사*
이쁜이에게 간다
큰 오라비가 쓴 시 한 구절 읊조리다
그날 이후론 그대가 오지 않는 길을 향해
무작정 나선다

음력 유월 초이튿날
오늘이네
가만히 앉아 사랑하는 그대에게 권커니
이쁜이 여사는 술 한 잔을 드시는구나
오늘도 난 빈 술잔에 그리움만 따르고
바람의 행방을 찾아,
입분 여사의 행적을 찾아 나선다
세월도 지우지 못하는 이 애틋함
저 하늘에서도
나를 보시고 있겠지
사모하는 이 마음 읽고 계시겠지

뭣이 그리 급하셨습니까

뫼를 더듬자
그리움은 더 건고한 성을 쌓고
떨어지지 않는 발걸음 돌리며
당신을 향해 움직인다

---

*입분(立粉) 여사: 시인의 모친.

백세*

사방이 장구다
살갗 바스스하게 부서질 것 같은 유리 공주들
한쪽 벽을 집중 공략하는 날이면
밤새 굿거리장단이 피어나고
휘모리장단까지 망각으로 몰려간다
벽장단과 구음의 난타
바로 치기와 넘겨 치기의
고급 스케일이 현란하다
아침이면 간밤의 망각들이 모여들고
백세에 이르러도
어머니 아버지는 잊지 않는 공주들
그녀들의 한 세기가 찬란하다
공주여
그대 앞엔 다시 봄이다

---

*백세: 멀고 오랜 세월.

알 수 없는 이유

삼 일째 장맛비다
퍼런 벽에 태양 하나 그려 넣고
빨래를 넌다
되돌아서는데 또 한 번 콰르릉
혼자 남은 옷가지는
화들짝 섬광처럼 피어나고
장마 속으로 파고드는
찬란
빨래는 퍼질러 앉아 우는데

궁짝거리는 여자

뼈대가 뼈대를 조종한다
뼈대가 이끄는 텅잉*의 속도는
아우토반으로 들어가는 중이다
투둣따 바람을 밀어내는 여자가
날이 없는 도끼로
궁짝 궁짝 쪼개며
음의 문을 열고 있다
또렷하지 않은 첫 박동은
골방에 갇혀 헤어나지 못하고
오선지를 뒤집어쓴 채 막무가내 흔든다
미친 듯 휘젓다 미열을 털어내니
먼지가 된 빛이 거꾸로 들어온다
텅잉,
부적절한 숨과 혀끝의 대화에
모질게 두들겨 맞은 여자
궁짝거리다 뼈도 추리지 못한 무딘 날
여자가 말한다
진동의 열정아

잠시

쉬었다 가렴

---

*텅잉: 관악기를 불 때 혀끝으로 소리를 끊음 또는 그런 연주법. 단절법(單切法), 복절법(複切法) 따위가 있음.

매우(梅雨)*

꽃비 그대로 달려와서
서로 인연으로 붙드네요
앞산 능선을 휘돌아 오는 격렬한 절정
시큼하게 피어나고
마음마저 가리지 못하는 매화향은
몇 생을 견뎌냈을까요
한 시절 품은 그리움
어찌 푸르다 하지 않겠어요
푸릇한 속내
한때의 우기로 기록되고
매우(梅雨)
그 이름처럼 쏟아지고 있네요

---

*매우(梅雨): 매실이 익을 무렵의 장마.

제3부

꽃의 별곡
—비단풀꽃

납작 엎드려야 볼 수 있다
고무 옷 밑창과 비단풀이 나란하다
엎드려 걷는 고통보다
혀 차는 소리에 뭇시선이 따갑다
일용할 양식은 옷에 숨긴 발에서 나오니
나는 비단풀꽃이다
눈부처에 든 풀꽃
세상보다 더 낮아야 그 눈과 마주할 수 있다
씹다 버린 껌과 나란한 비단풀
바닥에 엎드린 채로 피어 있는 일상
바퀴에 깔리거나 신발 밑창에 밟혀도
유행가 한 소절로 풍상을 달랜다
때론 낮은 곳의 꽃이
비바람을 피할 수도 있다
눈을 맞춰야 그 맘 알 수 있다
더 낮은 곳에 마음을 두어야
그 꽃을 볼 수 있다

유혹

봄의 문고리를 폭설로 여는 일이
새삼스러운 건 아니지요
여린 잎 같은 날, 순하지만 단호한 날
단단한 매무새를 강바람이 깨치려 들어요
절벽의 몸을 뚫고 나온 나무가 제 색을 버리고
내 속을 헤집고 들어서요
가파른 틈새에서 배어 나오는 춘삼월
꽃샘추위의 본적이지요
강바람이 벼랑을 후려치는 아찔함은
사춘기의 전율 같아요
연분홍 사연도 화들짝 피어나고
이팔청춘이 별거더냐
바위틈 원뿌리에서는 초록 날개가 돋아나요
속내 짱짱한 동강마루길
휘돌아 나가는 물길처럼
계절은 수없이 드나들고
그럴 때마다 짜릿한 등골에서는
연신 푸릇한 꽃바람이 피어나지요

세상에나, 불청객이 주인 노릇 하려는
이런 파랑(波浪)은 분명 처음이지요

꽃의 별곡
― 바늘꽃

랄라리 같다
이 꽃을 랄라리라 부르기로 했다
똥그랗게 뜨지 않아도 커다란 동공의 여인
나를 보고 날라리라고 하느냐며
두 눈이 마주치는 순간은
타이밍의 오해다
시간이 때론 깁고 기워야 하는 것이어서
엉킨 실타래 같은 것이어서
쉽게 풀리지 않는 버퍼링이 길어진다
돋보기 너머로 꿰는 바늘귀처럼
잘 넘겨봐야 하는 나이
무딘 입술이 거친 소리로 삐걱댈 때
어찌해야 하나
날카로운 시선이 나를 찌른다
바늘귀처럼 예민한 소리의 창구
리듬을 탄 꽃들이
어화둥둥 핀다

뱀딸기

팜므파탈은 뜨겁다
농익은 속내를 물들이는
탱글한 오후가 붉다
냉소에 길든 능글맞은 알들
가벼운 혀끝에서 쉽게 갈라지고
치명적인 호흡이 사내를 휘감는다
영악스러운 어둠은 농염의 어디쯤일까
여자는 벗은 허물을 꾸역꾸역 개어 놓는다
천 년쯤 묵은 똬리를 풀자
사내의 눈빛이 일시에 허물어지고
신열을 품은 여자,
밤은 차가운 종족의 적멸이다
자지러지는 어둠을 베어 물며
구불구불한 여자의 길이 뜨겁다
스윽스윽
열매가 붉디붉다

꽃의 별곡
— 데이지

초봄
창문을 열면 데이지 향이 들어와요
설렘을 들이려
쉴 새 없이 벌름거리지요
초록이 들어오고
봄바람을 타고 온 향기
숨을 쉬어요
푸름이 자연스럽게 섞이면 얼마 지나지 않아
여름의 청춘을 휘갈겨 대지요
색색으로 앞다투는 저 투덜거림은
계절을 넘기기 무섭게
하얀 눈으로 덮일 거예요
폭설은 사계를 덮고
노닥노닥 다른 계절을 피워내지요
얼어붙은 신성한 비밀의 방을 열어요

잘 못 날아온 아픔에도
고비는 있는 거니까

아픈 것을 감추지 말아요
시절들 밖에 놓아두지 말고
창밖에 있는 나와 손을 잡아요

강아지풀

워리라는 이름을 단 강아지풀
꼬리를 살살 흔들며 공중을 유혹한다
지나던 바람이 걸려들어
한바탕 놀다 가고
장화를 신은 풀잎들
저벅저벅 햇살을 밟는다
꽃도 아닌 것이
꽃이라는 이름을 달고
툭툭, 튕겨내는 폭염의 한낮
파르르 털어낸 고백 하나
여름을 건넌다

꽃의 별곡
―석곡

품을 떠난 호흡이 시큰하다
제 속을 허물어 버린 고목
그 몸에 터 잡아 놓고
바람으로 몸부림치며 운다
후생을 잇는 향이 하얗게 꽃 문을 연다
오래전 비극처럼
비가 내리고
아릿한 절벽의 숨결이 거칠다
빗발치는 총알을 떠올리는지
간신히 비껴간 산모퉁이 한 자락
백색 심혼(心魂)이 환하다
애잔한 꽃 멀미에
전생의 호흡들이 피어나고
눈에 밟힌 석곡 꽃은
전생의 향연처럼 궁류* 남벽에서
서로의 든든한 배후가 된 지 오래다

---

*궁류: 우순경 총격 살인사건(1982년)이 있던 경남 의령군 면 소재지.

밤공기가 붉다

이 밤은 내가 가질 거야
늦은 밤
고단한 하루를 잠재우려
리모컨 채널을 돌린다
이 밤은 온통 내 거다
즐길 줄 아는 밀당은
어두워지면 더 짜릿해지는 법이지
은밀한 자극에 동공이 커지고
고조된 감정은 두근거리기 마련이지
암벽에 밧줄 하나로 아슬아슬한 피사체가
바다의 깊이를 물어
물을 흔들어대고 있다
포말로 피어나는 메밀꽃*에 철썩이는 월광이
아득한 깊이에서 튀어 오를 때
열광하는 나는 신스틸러다
한데 영화는 심드렁하고 저 달이 수상하다
창유리에 매달린 초승달이 나를 엿보고
달빛에 겁탈당한 나

초승달이 나를 가졌다
이 밤은 온전히 초승달 차지다

＊메밀꽃: 파도의 물보라가 뿌리는 하얀 거품.

꽃의 별곡
― 메밀꽃

바람이
메밀밭의 흰 꽃잎을 밟으며
숨을 멈춰보라 한다
봉평 소금밭에 뿌려지는
몇 가마니의 메밀꽃*

적당한 간극이 있은 후

거품을 물고 물며
파도처럼 넘어온 바람
갈두포구 갯바위를 끓여 피워내는
흰 메밀꽃**잎이
갈증으로 서걱인다
잠들지 못해
허우룩한 빛으로 부서진다

―――――
*메밀의 꽃.
**파도의 물보라가 뿌리는 하얀 거품.

구름을 조각하다

창공의 구름으로 가을을 읽는다
길가에 피어난 코스모스와 카오스 꽃들 속에
구름이 피어나고 있다
하늘 캔버스에 가득 찬 형상들
설익은 포도와 단내 나는 사과가
코스모스로 피어나고
행간을 벗어난 구름이 폭발한다
순간 나의 그리움도 흔들린다
어느 한때의 사랑이 이별로 한통속 되며
가을의 길들은 하늘로 열려 있다
한 번의 붓질로 그리움이 몰려들자
바람을 타는 비행사
흐트러진 구름을 정리하며
한 줄의 비행운을 긋고 있다

꽃의 별곡
— 에키나시아

세월을 삭히는 일은
바람에 부서지는 일이라네
서로 응시하는 곳에
외로움을 전달하는 일이라네
뜰 안의 해바라기처럼 여름을 피우고
가을의 입구를 활짝 열고 있네
커피 한 잔의 여유를 실어 나르는 것
그래, 저처럼 한가하면 되지
알알이 박힌 씨앗의 행간마다
태양이 자라고 있네
사소한 것들로 꽉 채워지는 오후
누군가의 외로움을 두리번거리며
— 망할 것 저 망할 것
바다 같은 가을 한 그루
마당에 심어 놓았네

겨우살이

우리의 동거가 시작되었다
참나무에 뿌리박은 날부터 곁방살이다
그렇게 허름한 집을 짓고
마디마다 천상의 힘을 키우니
등 굽은 가장의 몸값이
숲에서 제일이로다

기생의 팔을 뻗는다
물 한 모금 없어도 살아내는
푸릇한 능력은 겨우 살아간다는 것일까
숙주는 땅에 뿌리를 박는 날부터
겨우살이는 마음에 뿌리를 내리는 날부터
공생으로 되물림이다
그들은 숲의 부족들이다

꽃의 별곡
─동백꽃

거울이 왔다
청초한 매무새를 채 여미지 못하고
그가 갔다

뿌리 곧은 씨족을 따진다거나
질 나쁜 방식의 주유(周遊)는 거칠고 황량하다
말라버린 감성은
피지 못하고 목 꺾인 동백처럼 맵다
등 굽은 모습이 살얼음처럼 시려올 때도
내민 손가락 문틈에 찍히고
돌아서는 마음
붉디, 붉다
숱한 날의 이야기들은 느리게 느리게 엮다가
잘 못 날아든 바람에 갇힌 사내는
태풍을 맞았다
철학을 뒤집어쓰고도
서툰 바람은 꽃이 되지 못했고
동백,

검붉은 아픔이 되었다
동백이 된 그가
눈 쌓인 겨울을 밟고 와
환하게 웃는다

거울 꽃

화병의 꽃 한 송이
거울이 먼저 알아봅니다
긴 밤 꿈꾸는지
어둠 속에서도 붉은 그림자 일렁이고
겹겹의 사연들이 흔들립니다

거울의 안과 밖
답가와 화답처럼
흠칫 숨 고르는 꽃송이들
돋아나는 이슬에
하루가 피어나고 있습니다

거울 속의 나를 먼저
사랑하기로 합니다
눈부신 아침이 분주해지고
하루 종일 거울 속 내가 따라옵니다

꽃의 별곡
— 목백일홍

가로수가 붉다
노란 중앙선을 감지했는지
더 붉디붉은 백일홍
초점을 당겨보니
석 달 열흘 공명(共鳴)을 내는 중이다
떨어진 꽃들은 환지통을 앓고 왔을까
구겨진 운용지*에 스며들어 사연을 적느라
그들의 필적은 석양을 닮아 있다
붉은 필체로 피어나는 가로수
백 일쯤 꽃을 달고
백 년쯤 몸을 빌려
천 년의 영혼을 피워낼 것이다
여전히 백 일을 피고 지는 착시 속에서
언뜻언뜻
화운(火雲)이 비친다

---

*운용지: 한지의 실이 보일 정도로 매우 얇은 한지.

해바라기

햇살이 길을 튼다
공중을 당기는 혈관들
거침없이 내달리는 피의 내력은
훤칠한 운명과 닮았기 때문일까
여문 태양도
바람을 통과시킬 들녘도
하늘을 품으며 돋아나
노란 꽃잎 틈에 빽빽이 기록하며
태양의 문자를 밀어 올리는
해바라기,
까맣게 익는 하루를
둥근 서고에 저장하고 있다

제4부

밥상머리

밥이나 먹자
둥근 상에 숟가락을 올린다
가끔 한 번씩 손맛을 건네고
몸속 그 맛을 기억해 내는
적당한 간격
밥상머리에 마주 앉는다
속내 들키지 않으려
허기를 채워주는 말
밥이나 먹자
씹는 소리까지 익숙해지는
밥상의 둘레
내 안의 경련까지 잦아드는
담백한 맛과 말이다
그래, 먹자

바람결

버스에 앉아
꽃피는 살얼음을 본다
세상의 본능을 굳히며
흩뿌려 놓은 유리창에 얼비치는 속내
설렘은 딱딱해질 때 고개를 드는가
미숙의 치마는 짧다
치마 속 레깅스와 롱부츠에
바람기를 살짝 가두고서
몰래 외출하곤 한다
간밤의 폭설이 그녀를 다녀갔는지
간간이 들려주던 소식이 뚝 끊겼다
창밖의 풍경이 미끄러지고
버스는 터널을 빠져나와 언덕을 오른다
미니스커트가 뒤꿈치를 들어 올리듯
버스의 꽁무니가 덜컹인다
미숙의 헛된 수다에 살얼음이 든 걸까
그녀를 만나거나
그녀를 빌려 안부를 전하거나

서로를 받아들이기엔 찬 서리가 제격이다
한겨울 새벽 차창에 피어난
성에가 미끈하다

은행나무와 비둘기

버스정류장 옆 은행나무 한 그루
우듬지에 앉은 비둘기와 나의 시간은
언제나 열한 시를 향해 있다
벤치에 못 박힌 시간이 가을로 걸어가는지
나무는 어느새 노란 잎으로 무성하고
그늘진 곳마다 녹물이 짙다
은행나무는 먼 곳에서부터 바람을 켠다
홀로 피고 져야 하는 애달픈 그리움
열매로 돌아오는 시간에는
늘 혼자다
낙엽은 비문의 문장으로 서성이고
오후는 가을로 들어섰다
계절을 헤적이는 비둘기
쌀쌀한 가을을 들추며
출발하는 버스를 배웅하는 중이다
또 다른 기다림 속에서
정류장 빈 의자에
햇살이 먼저 내려앉는다

좌수영 성지 푸조나무

오백여 년
바닷바람이 나무를 키운 것일까
우듬지까지 꼿꼿한 노거수
천상을 넘나드는 지혜인 듯하여
오랜 묵언 수행을 꼼꼼히 들여다본다
지나간 상처를 전하려는지
떨어진 열매는 작은 포탄처럼 빛나고
나이테의 간극으로
그날의 함성과 비보가 빼곡하다
그때마다 나무는 수군이고
의병이었을 터

피고 지는 잎새는
세상을 건너는
노거수의 푸릇한 기록이다

오늘

이른 새벽
두고 온 시간을 찾으러 간다
오늘을 하행선 무궁화호에 싣고
시(詩)를 찾아 나선다
동대구역 버스정류장에서
버스를 타고 종점까지 간다
갓바위로 향하는 중턱에 섰다
한발 한발 계단을 오르니
108배 소원은 이미 걸음에 들어찼다
산자락을 내려오다 계곡의 흐름을 보니
까칠한 너와 모난 날 깎아내는 소리가 난다
휘파람을 날리며
서로를 엮어가는 소리가 들린다
시간의 계곡 앞에서
나는 얼마나 많은 모퉁이를 돌았던가
푸르러지기 위해 떨어뜨린 낙엽은
얼마나 또 많았던가
몸 비비며 쏟아지는 행간처럼

흐르고 흘러 문장을 엮어내는 일
후려치는 시심 하나가 걸음을 세운다
바위틈을 비집어야 열리는 순간들
시작(詩作)이다
시작하자

카톡질

드르륵
카톡이 왔다
언제부턴가 손바닥 안에 집들이 생겨서
카톡왔숑 혹은 띠롱
'뭐해?'
고심 고심 퇴고 중에 또
드르륵
젠장, 발등에 불 떨어졌다고
손가락이 화끈거린다
시어는 한 획도 건지지 못하면서도
드르륵거리는 습관은 일필휘지다
간혹 예의를 갖추어 잘라내는 댓글들
늦은 시간을 전송하며
무음 문패를 내걸고 창을 닫는다

잠시 뜸한 틈을 못 견디고
빈집을 두드리자
카톡왔숑

외식

오늘 저녁 외식 어때?
외식 또한 한 끼의 내력이니
집 밖에서의 성대한 외식을 진행한다
우아하게 찢어발긴 하얀 속살을
가지런히 눕히고
샐러드드레싱으로 슬쩍
닭 모가지를 덮어준다
셰프의 손끝이 분주하다
채소의 푸른 실핏줄이 선명해 보인다
이럴 때 입맛이 확 당기는 법
외식은, 탁월한 선택이다

방향 잃은 입씨름

지하철에서 신발을 벗고 규칙을 벗어난 자
안전 기둥에 걸쳐 놓은 두 발이
미끄럼을 타고 있다
고린내 묻은 인성이
미끄러지고 미끄러지기를 되풀이한다
예의 주시한 눈빛 하나가
하고픈 말을 발끝에 걸어 놓고
신발 한 짝만을 겨냥한다
그러자, 신발 한 짝을 툭툭 차고 가는 드리블러는
함무라비 법전 중 하나를 읊조리더니
쓰레기통에 처박아 버린다
동네 개도 집사가 귀하게 여기면 귀공자가 된다니
발길질당하는 똥개라면 집사 잘못일 게다
걷어차인 똥개가 된 신발 탓에
입씨름이 엉켜지더니 꼬리치는 저 허접들은
낫질 당하는 댕댕이덩굴처럼 방향을 잃어간다
지하철 빌런 허접 1은 차인 신발에만 꽂히고
드리블러 허접 2는 으적거리는 감정에 충실하다가

조율 없는 설전
무승부로 등 돌리고 만다

현문우답

뜬금없이 날아온 거두절미 문자 하나
'무심한 것이 세월이라더니……'
저 점 안에
얼마나 많은 무심을 쌓아 놓았을까
왜냐고 묻지 않았다
현명하지 못한 문자 하나를 보냈다
'시간은 깊이 들어왔는데
잠 언저리에서 들어가지 못하고 있네'
'……'
우답이었는지 반응이 없다
점. 점. 점.
'무심히 갉아내는 시간의 톱밥 같은 허무,
세월만이 무상한 것은 아니더라
나의 무상을 되뇌다 보니 까만 밤도 얄궂더라'
나름 좀 긴 문자를 남기고
외로운 밤을 배회했다
점 여섯은
무상과 무심의 경계이리라

다음 날 아침 문자 한 통 받았다
'안 자고 뭐 했어, 그 시간까지……'

토렴 기술자

어둠이 내리기 시작한 허름한 해안가에
모래성 같은 국밥집이 있다
꼬질한 벽에 붙은 비릿한 갯바람이 주문서인 듯
차림표도 없는 빈 벽
조개껍질 같은 남자는 파도의 기술을 익혔는지
주문서도 없는 주문에
뚝배기와 국자는 벌써 리듬을 탄다
갯내를 뚝배기에 담고
찬밥 한 덩이를 물살 타듯
채웠다 비워내기를 거듭한다
해풍보다 뜨거운 불길이 해안선을 당겼다 놓는 동안
뼛속까지 우려낸 사골국밥
입안 가득 번지는 기술자의 토렴이 출렁거린다
기술자는 바다가 되었을까
국밥집이 있던 자리 새롭게 차지한 간판에
신개념의 바다가 갈매기를 호객하고 있다

해파리냉채

바다의 시작은 해파리였을까
해파리냉채의 톡 쏘는 맛은
원시에 완성된 것일지도 모른다
그 오랜 시간
바다를 점령했으니
완벽한 독성이야 오죽하겠는가
한여름 내내 입맛을 돋우는
심해의 찬란한 몸짓들
무더위는 톡 쏘는 겨자를
이겨내지 못하고
여름 식욕은, 왕성해졌다
맙소사!

무언가(無言歌)

― 옥수수야, 원증 까봐

― 야! 콩, 너도 까봐

― 쟤들은 외국에서 데려왔나 봐

― 너 그거 아니? 롱다리면 눈길 한 번 더 받는 거

― 콩나물 쟤는 비료 먹어선지 쭉 뻗어 날씬하게 자랐네

― 저렇게 쭉쭉빵빵 자라기 전 콩 자루에 뭐라 쓰여 있었는지 아니?

― GMO* 아님이라 쓰여 있더라

― 유전자 고리를 변형시켜 만든 애들이 많다는 거지

― 제 발 저린 거야, 저런 이름표를 달아주는 걸 보면 말야

― GMO는 네 친구와 내 친구에게 많다더라

― 저 옆 진열대에 있는 섹시한 자태, 궁금하지 않니?

― 저쪽 밭에서 햇살 받아먹고 자란 고추에 왕따 당했던 시나리**잖아 톱밥에 붉은 물감 섞어 연지 바르더니 농염한 자태로 위장한 거지 말하자면 화장발인 셈이야

― 야! 할머니가 무언가 내놓는다

― 우리 원산지증명서네

― 맙소사, 너도 GMO잖아

가지런히 진열된 수입산의 대화
노파의 빠른 손놀림이 훑고 간다

＊GMO: 유전자 변형 식품으로, 인위적으로 조작된 유기물.
＊＊시나리: 회아리의 방언.

벽화

벽화 속 마을에 푸른 잎이 돋아난다
안쪽도 바깥도 아닌 경계
달빛은 방향이 없어도 선명하다
저 나무의 영역은 어디일까
뿌리와 기둥이 없어도 훌쩍 커버린 나무
숲을 꿈꾸고 있는지도 모른다
컹컹 소리에 내려다보니
지나던 개 한 마리
나를 향해 다리 한쪽 올리고
유유히 사라진다
저런,
달빛도 벽화 속으로 흘러들었다

수박

불콰하게 들어온 볕이
치밀한 맛의 퍼즐을 조각한다
한여름 파랗게 질린 껍질
칼끝에 닿는 순간
붉은 태양이 쩍 갈라지고
단단히 박힌 씨앗들
한 시절을 완성한다

텃, 세

터를 잡는다는 건
나를 녹이는 일
관념에 굳어져 가는 것에
텃세에 지불되는 에너지는 버겁다
끈적함에 익숙지 않으며 쉬이 계산되지 않으니
계산 방식이 다름을 이해하여야 한다
그것은 시간만으로 해결되는 것은 아니다
생소한 무리 속에서 날갯짓이 필요한 건
텃새에게 당하는 공격이나
둥지의 경계가 보이기 때문이다
텃새가 주인 행세하던 시절은 끝났다
쪼아대는 부리마다 갈고리를 물지 마라
뿔 달린 언어들이 주는 상처와 툭툭 뱉어내는 말은
서로의 일상에 그늘만 만들 뿐이다
부딪히는 건 양방향이 되어 강하게 새겨진다
텃새의 텃세는 눈앞에 내놓지 않은 계산법
끼리끼리 펴는 날개도 때론 덫이다
위험은 늘 도사리고 있다

내게 주어진 먹이를 찾아
텃, 세를
텃새로 옮기는 중이다

절세(節稅) 미인

허공을 가르는 적중의 화살보다
유영하듯 날리는 오발의 의중은
팽팽하게 당긴 화살이 강하게 꽂혀서일까
수도 없이 행한 연마와 실전에서 맞닿았을 궁사
어찌 된 일일까
과녁의 아슬아슬한 밑당이 더 달콤했던 것일까
능소화처럼 담장을 감아올리며
여닫기를 거듭하는 꽃들처럼
날인한 붉은 인장은
쥔 자의 손놀림에 따라 좌지우지한다
화살 받기는 미흡한 과녁
룰보다 딜에 가까운 능청스러운 미소가
조력자의 과녁을 스캔한다
절세(節稅)의 사연이었다고 말하는 절세미인
타깃을 엮어 정조준 중이다

해설

고독과 존재와 은유의 언어들

권혁재(시인)

    고독과 존재에 있어서 시가 지니는 형식이나 내용의 가치는, 시를 창조하고 삶을 유지시키는 일종의 사유나 고독이 주는 필연적 의미이며, 삶에서 시를 창조하는 상대적 가치라고 할 수 있다. 특히 고독과 존재가 어떤 분명한 시적 표현을 획득하고 그것을 창작물로 완성하려고 할 때, 고독과 존재의 형식은 시를 절대적으로 나타내는 독특한 방식이 된다. 시에서 고독과 존재는 그 자체가 하나의 사유의 체계로 집결되면서 시를 만드는 매체가 되고, 삶을 추동하는 대상 이상의 대상이 되기도 한다. 시는 언제나 삶의 다양한 은유의 언어들을 활용하여 삶의 풍부한 모습을 그려내기 때문이다. 사유에서 빚어진 시들은 은유로 표현되는 형식을 취하기도 한다. 다양한 방법의 시작법은 변하지 않은 존재와 영속성에서 가치를 포착하고 그 속에서 고독과 존재에 대한 진정한 사유를 할 수 있으며, 어떤 형식이나 방법으로 존재하게 할 수 있다. 그것이 시를 쓰는 힘이고 시 쓰기의 즐거움이다.

존재 속에서 또는 삶의 많은 굴곡 속에서 시의 본질이나 기능을 유지하기란 결코 쉽지 않다. 본래의 취지하고는 상관없이 시는 의도하지 않는 방향으로 빗나가, 보이는 다른 면의 국면을 시 속에 담아내기도 한다. 이는 잘못 짚은 결과나 대가가 아니라 시가 가진 궁극적인 삶에 대한 강렬한 고독을 잘 짚어낸 것으로 보인다. 고독과 삶, 현실과 비현실성, 존재와 부재, 삶과 시가 어느 지점에서 다른 지점으로 이동되면서 결합이 되고 서로에게 맞는 공통점을 찾아내거나 그것을 분리해 낼 때, 시는 고독을 존재에서 발현할 수 있는 가능한 절대적인 것으로 완성되거나 그 준비를 하게 된다.

김용식 시인은 이러한 시와 삶의 비의를 감각적으로 인식하고 있는 시인이다. 존재와 고독, 은유와 존재의 실제적 결합으로써 시 작품을 구축하고, 삶이 지닌 희로애락과 존재의 부재를 삶과 시라는 동일한 선상에서 구축하고자 부단히도 노력한 모습이 역력하다. 이번 두 번째 시집인『꽃도 아닌 것이 꽃이라는 이름을 달고』도 인간 존재에 대한 고독의 방식을 은유의 언어들로 어떻게 시적으로 획득할 수 있는지에 대한 그의 시를 탐색하는 노정이 잘 드러나 있다고 할 수 있다.

생의 허리를 건넜다

짧아져 가는 나이에

예의를 표하기로 한다

성글게 올라서는 흰머리를

자연 갈색으로 감추어도

이내 들이미는 세월의 반란

나의 청춘은 진행 중이다

흰머리쯤이야 적당히 따돌리고

가늘게 자리 잡는 주름쯤이야

무시하면 그만이다

낭창거리는 허리로 나만의 스텝을 밟고

뭉툭해지는 목소리로 세상의 음표들을 평정하리

짙푸른 잎들보다 아름다운 건 단풍이다

뿌리로 깊어지며

나만의 삶을 들어 올리는 중이다

가끔은 폭풍우도 만나겠지만

그쯤이야 거뜬하다

하나의 문장으로

하나의 시어로

중년의 시간을 꽃피우련다

아직 싱싱하잖은가

―「청춘, 아직은」 전문

　슬픈 독백이다. "성글게 올라서는 흰머리를/자연 갈색으로 감추어도" 세월의 반란은 "청춘, 아직은"에 정체되어 있고 무시하면 그만인 "주름쯤"도 "낭창거리는 허리로 나만의 스텝을 밟고/뭉툭해지는 목소리로 세상의 음표들을 평정하리"라고 바람 아닌 바람으로 화자만의 삶을 들어 올리고 있는 중이다. 이 작품은 아이러니한 서정성을 내재로 한 시적 매체와 화자와의 청춘에 대한 서글픔의 국면을 슬프게 보여준다.
　"짧아져 가는 나이에/예의를 표하기로 한다"의 시어에 대구를 맞추는 "이내 들이미는 세월의 반란/나의 청춘은 진행 중이다"라는 표현은 서정을 바탕으로 청춘에 대한 비극적 상상력이 어떻게 변이되어 다뤄져야 하는지 잘 보여주는 전범이 된다. "하나의 문장으로/하나의 시어로/중년의 시간을 꽃피우련다"는 화자가 청춘을 바라보는 기대감을 시라는 문학적 효용성에는 김용식 시인이 성취하려는 친화성이 존재한다. 늙어가는 시점에서 아직은 청춘이라고 항변하는 듯 "하나의 시어로/중년의 시간을 꽃피우"는 화자의 반어적이며 생기 있는 감각으로 엮어낸다.

　　훌러덩 벗어젖히고 세세히 씻어 내었으나
　　미처 벗어내지 못한 빈 껍질

산자락 굽어진 길목들을 읽어내며

숱하게 오르내린 생의 한복판이 뜨겁다

발바닥의 미세한 촉수는

심장의 말을 눈치챘는지

중년의 한편에서 숨 고르기를 하고 있다

온갖 길을 다 꿰찬 바닥

냉혹한 흔적까지 고스란히 지나와서야

순응하는 발을 본다

지나온 길마다

부서져 내린 각질의 읍소

골골이 파여 있는 자국들이

촉촉한 싹을 틔우고

바닥은 언제나 단단한 자국이다

—「발바닥」 전문

  화자의 고독과 존재가 발바닥을 매개로 하여 잘 드러나고 있다. 이 시를 통해 김용식 시인은 시의 의미와 정서의 함축을 잘 적용해 활달하게 생성해 낸다. 물론 발바닥에 대한 한계로 전체적인 삶을 지적해 낼 수는 없겠지만 발바닥이 주는 서정적 요소와 함께 내적 변용을 거친 시 작업에 들어가면 발바닥에 굴곡진 껍질에서 화자의 삶을 통찰해 내고 있음을 눈여겨보아야 할 부분이다. 특히 "산자락 굽어진 길목들을 읽어내며/숱하게 오르내린 생의 한복판이 뜨겁다"라는 서정적 표현은 보이지 않거나 작은 길목에서 마주한 생의 뜨거움도 전폭적으로 감지하는 서사적 확장과 시적 함축의 효과를 감지하게 해준다. 김용식 시인은 자신의 지나온 길에 연연하거나 연민으로 후회하지 않고 오히려 "골골이 파여 있는 자국들이/촉촉한 싹을 틔우고/바닥은 언제나 단단한 자국"이라고 희망적으로 시를 구현한다. 즉 화자는 한 장면에서 급변하는 모습을 지적하기보다는 절대적 단층으로서 장면을 전체적으로 조망하고 있는 것이다.

이때 김용식 시인은 현실의 치열했던 심정이나 고충을 토로하지 않고, 다만 "고스란히 지나와서야/순응하는 발을" 보는 긍정의 각도에서 삶을 조명한다. 김용식 시인은 이렇게 희망과 긍정의 서정성을 바탕으로 놓인 상황을 제시하는 데 능한 모습을 보여준다.

이외에도 김용식 시인이 생을 대하며 자신 있게 시로 꾸려내는 몇 작품이 있는데, 이 역시 삶을 경계하고 삶의 근거를 극복하거나 긴장을 유지하는 시편들이다. 「태엽을 감다」에서는 "분침과 초침 사이의" 쏟아지는 갈등에서 "소문을 걸러내"거나 "이별의 방식을 기록"하는 "바람의 내력"으로 보고 있고, 「백수의 어느 하루」에서도 "시곗바늘"을 매개로 하여 일어나는 백수의 하루를 서정적 장면으로 그려내고 있다.

내 몸에 구덩이가 있어
상실된 기억이 서서히 쌓인다
기억을 훔쳐내는 혼돈이
빈처의 안갯속으로 흘러든다
빠르면서도 허술한 속도로
불시착한 날개가 관자놀이에 붙었다가
시간이 후려친 듯 빠져나가고 있다
서서히 적립되어 가는 기억
서로 응집된 편린들은
제멋대로 왔다 제멋대로 간다
순간순간 적립되는 망각이 있다
냉장고 앞에서 화장실 앞에서
시도 때도 없이 조여 오는 기억의 올가미들
외출하려 현관문을 닫는다, …….
열었다 ……, 다시 닫는다
빈처의 안갯속을 들락거리며
비밀 아닌 비밀을 적립하고 있다
　　　　　　　　　―「비밀을 적립하다」 전문

　"상실된 기억"은 잊힌 존재이고, "빈처의 안갯속으로 흘러"드는 고독은 시를 추동하는 서사나 서정으로 화자가 적립하는 비밀의 응집된 편린들이 보여주는 비극적 고독과 존재의 부재를 지닌다. 김용식 시인은 서정시의 근본을 정서의 생물적인 사실감에 두고 있는 듯하다. 정서의 사실감은 화자의 "순간순간 적립되는 망각"에 대한 혼돈을 압축하여 "기억의 올가미들"을 현관문으로 여닫는 모습을 통해 정점에 이르고 있다.

여러 장르 중에서 시는 정서 혹은 감각이나 감정의 발로와 깊은 관계를 맺는다. 따라서 시의 양상에서 서정적 시와 서사적 시는 정도의 차이뿐만 아니라 그 둘의 전후 관계에 따른 여러 현상을 마주치게 마련이다. 시인은 이때 의도하든 의도하지 않든 간에 과장된 표현이 있다면 그 과장된 시를 경계하면서도 재현과 반영이라는 요소를 두고 고민하게 될 것이다. 그러나 대개의 시인일 경우 재현보다는 반영에 더 무게를 두는 경우가 많을 때가 있다. 시인은 "상실된 기억이 서서히 쌓"이는 화자의 삶과 그런 화자의 마음에 스며든 "기억의 올가미들"에 대한 특수성을 통해 형상화된 "응집된 편린"들을 현실적으로 드러낸다. 화자에게 "기억의 올가미들"이라는 시적 대상은 시인이 만든 결과일 수 있지만 이는 일종의 은유라고 할 수 있다. 그리고 또한 "비밀 아닌 비밀을 적립하고 있다"는 마지막 행은 시적 주체의 진심이 진정한 삶과 기억에 긴밀하게 연관되어 있음을 시사해 준다. 온몸에 구덩이가 있는데 상실된 기억이 쌓이고, 응집된 편린과 적립되는 망각이 되는 기억의 올가미들은 비밀 아닌 비밀을 적립하고 있다. 김용식 시인은 서서히 적립되어 가는 기억으로 응집된 편린과 기억을 훔쳐내는 혼돈을 내면세계로 직접 표현하지 않고 은유적 표현에 주력하면서 고독과 존재의 문제에 강렬한 시 쓰기를 시도한다.

> 아이의 울음 받는 할매
> 어린 숨결이 손끝에 닿는다
> 봉 씨 가문의 한 가계가 뭉클하다
> 먼저 간 할배의 흐뭇함인지
> 요람에 감싸인 듯한 구름
> 빌고 빌었던 기도발에 화답하듯
> 아이의 울음소리가 우렁차다
> 숨결을 몰아쉬는 아이의 얼굴에서
> 한 세기의 가계가 고스란히 드러나고
> 할매는 안도의 숨을 토해낸다
> 고운 숨결이 햇살처럼 안긴다
> ―「숨결」 전문

 김용식 시인은 "숨결"을 통해 한 세기의 한 가계가 어린아이의 숨결에 의해 보전되는 중요한 역할을 하는 숨결을 잘 지적해 낸다. 시인은 시적 자아에 과중한 비중을 부여하지 않는다. 다만 시인의 모든 결핍과 만족에 걸러지고 감각적 혹은 세계관으로 집약되는 "숨결"의 풍경은 시인의 삶에서 체득한 사실을 자연스럽게 시적 주체로 노출하는 장면으로 연결될 수밖에 없다. 시적 주체를 확보한 시인은, 시적 주체를 무난히 감당해 내는 자세를 취하게 된다.

"아이의 울음 받는 할매"는 시적 화자와 현실 사이의 사회 관계를 나타내주는 하나의 단편적인 모습이다. 시인은 시적 주체인 "할매"가 지닌 주체나 정서의 일관적인 흐름을 차단하고 철저하게 현실에 대한 창작적 대상으로 "할매"와 "아이"가 마주 보고 있는 햇살처럼 고운 현실을 보여준다. 따라서 "할매"를 시적 주체로 전면에 나타내기보다는 명암의 농도를 조절해 가면서 작품세계와 현실과의 상관관계를 형성해 낸다. 이러한 상관관계에서 조성된 긴장 구도는 시구에 스며들어 있는 호흡이나 리듬으로 배출하기 마련인데, "할매는 안도의 숨을 토해낸다/고운 숨결이 햇살처럼 안긴다"라고 끝을 맺는 부분에서 "할매"는 시적 주체로서 역할을 완벽하게 소화해 낸다. 즉 현실과의 상관관계를 더욱 친밀하고 긴밀하게 유지하는 가교역할을 형성해 내며 보여주는 것이다. 이때 김용식 시인은 "할매"의 숨결을 아이의 숨결로 전이시키고 아이의 호흡을 성급하게 또는 세차게 강제하지 않는다. 바로 이러한 점이 김용식 시인의 시적 심미성의 근거를 확보하고 있다 하겠다.

> 팜므파탈은 뜨겁다
> 농익은 속내를 물들이는

탱글한 오후가 붉다

냉소에 길든 능글맞은 알들

가벼운 혀끝에서 쉽게 갈라지고

치명적인 호흡이 사내를 휘감는다

영악스러운 어둠은 농염의 어디쯤일까

여자는 벗은 허물을 꾸역꾸역 개어 놓는다

천 년쯤 묵은 똬리를 풀자

사내의 눈빛이 일시에 허물어지고

신열을 품은 여자,

밤은 차가운 종족의 적멸이다

자지러지는 어둠을 베어 물며

구불구불한 여자의 길이 뜨겁다

스윽스윽

열매가 붉디붉다

—「뱀딸기」 전문

  김용식 시집에서 시인의 시선이 사라지는 기억이나 청춘의 소멸에 국한되어 있는 것은 아니다. 김용식 시인은 "잘못 날아온 아픔(「꽃의 별곡-데이지」)"이나 "구불구불한 여자의 길이 뜨겁다"(「뱀딸기」)는 여성성을 포착해 내는 모습도 놓치지 않는다. 뜨거운 팜므파탈에 농익은 속내를 물들이는 붉은 오후의 풍경과 함께, 팜므파탈의 일관적인 분위기의 모습, 그리고 벗은 허물을 개어 놓는 천 년쯤 묵은 똬리를 푸는 뱀딸기의 속성에서 "종족의 적멸"이나 "여자의 길이 뜨겁다"는 원초적인 본능을 덧대어 놓는다. 이때 시인은 "농익은 속내"를 직접적으로 표출하지 않는다. 작품 속에서 시인은 타자의 입장으로 물러서서 시적 대상에 대한 간극을 충분히 유지하며 시적 이미지나 시적 현실을 그려내는 데 집중한다. 이는 앞에서 밝힌 청춘을 역설적으로 대하거나 사라지는 기억에 대한 여러 가지 유형들을 구축해 낼 때와 동일한 전략인데, 독자에게 작품의 행간에 숨겨져 있는 현실에 대한 심각한 정감이나 시적 주체의 행위 여부를 쉽게 감지하게 해준다.

김용식 시인의 시작법 특징은 시적 주체와 시적 대상이 서로 길항하여 주체가 한 걸음 더 다가섬으로써 오히려 대상을 적극적으로 끌어안아 시를 보다 더 중심으로 이끌어낸다는 사실이다. "농익은 속내"와 "여자의 길이 뜨겁다"를 매개로 하여 "뱀딸기"를 구체적 실감으로 포착해 내는 풍경은 시적 주체의 서정이나 사유를 충분히 드러내기보다는 "치명적인 호흡"에 허물어지는 사내의 자세를 간결하게 함축한다. 비관적 현실을 수용하지 않는 신열을 품은 여자의 고독함을 팜므파탈의 정조로 치부하면서 김용식 시인은 이것을 최대한 객관적으로 형상화하기 위해 미학적 수단으로 활용하고 있는 것이다. 이러한 형상화의 작품을 통해 알 수 있듯이 김용식 시인은 "뱀딸기"를 전면에 노출시키지 않고 뒤로 한참 물린 다음, 시적 주체를 통해 확장된 현실을 표출해 내는 최대의 효과를 만들어 내는 데 능숙해 보인다.

> 화병의 꽃 한 송이
> 거울이 먼저 알아봅니다
> 긴 밤 꿈꾸는지
> 어둠 속에서도 붉은 그림자 일렁이고
> 겹겹의 사연들이 흔들립니다
>
> 거울의 안과 밖
> 답가와 화답처럼
> 흠칫 숨 고르는 꽃송이들
> 돋아나는 이슬에
> 하루가 피어나고 있습니다
>
> 거울 속의 나를 먼저
> 사랑하기로 합니다
> 눈부신 아침이 분주해지고
> 하루 종일 거울 속 내가 따라옵니다
>
> ―「거울 꽃」 전문

"거울 꽃"의 주인은 누구일까. 김용식 시인은 "거울 속의 나를 먼저/사랑하기로 합니다"고 하면서 "하루 종일 거울 속 내가 따라옵니다"라고 독백처럼 말한다. "거울 꽃"은 화자 자신의 나르시시즘이었을까. 시인이 상상해 내는 비극성이 이번 시집에서 시적 주체와 시인이 동일시된다는 의미에서 다소 특별해 보이기도 하는 까닭은 무엇 때문일까. "겹겹의 사연들이 흔들"리는 삶의 무게와 "겹겹의 사연"으로 진실을 찾기 위한 열망이 "거울의 안과 밖"으로 다가오는 좌절의 상징이 "거울 꽃"이기 때문이다. 시인은 시를 통해 현실의 부조리와 불행을 극복해야 하는데, 거울 꽃에 비친 화자 자신의 모습과 순조롭게 화해하는 모습이 시가 궁극적으로 지닌 내면의 심화 장면도 시적으로 인식할 수 있다는 것을 보여주고 있다. 이때 시의 서정은 "눈부신 아침이 분주"한 것으로 또는 "거울 속 나를 먼저 사랑"하기로 한다. 소박하거나 단면으로 보이는 이 작품에서 정서화된 시어들은 전통적 시의 방식에 의해 배치되어 있다는 생각마저 든다. 이러한 단면성은 화자가 "거울의 안과 밖/답가와 화답처럼" "돋아나는 이슬에/하루가 피어나고 있"듯이 자기 상실에 대한 어떤 비극이나 불행보다는 화합이나 희망으로 일관되게 "거울 속의 나를 먼저 사랑"하는 마음에 잇닿아 있는 여러 층위의 개체들로 포진하고 있다.

이외에도 「밤공기가 붉다」나 「꽃의 별곡-메밀꽃」에서 드러나는 여성성은 화자의 잠재의식 속에 내재한 에고(ego)로 언젠가 서서히 "아득한 깊이에서 튀어" 올라 "허우룩한 빛으로 부서"지는 메밀꽃의 근원적인 속성을 잘 지적해 내기도 하였다.

> 밥이나 먹자
> 둥근 상에 숟가락을 올린다
> 가끔 한 번씩 손맛을 건네고
> 몸속 그 맛을 기억해 내는
> 적당한 간격
> 밥상머리에 마주 앉는다
> 속내 들키지 않으려
> 허기를 채워주는 말
> 밥이나 먹자
> 씹는 소리까지 익숙해지는
> 밥상의 둘레
> 내 안의 경련까지 잦아드는
> 담백한 맛과 말이다
> 그래, 먹자
>
> ―「밥상머리」 전문

사람이 세상을 살아가는 방식에는 많은 수단과 방법이 있지만 사람 노릇 제대로 하고 사는 데에는 예의와 인사가 있다. 어쩌다 만난 안면 있는 사람에게는 '밥 한번 먹자'가 일반적이고 부담 없는 인사말이 되었다. 김용식 시인이 내다보는 일상의 행위에서, "밥상머리"에서 "밥이나 먹자"라는 말의 뜻이 인간의 이중성이나 현대인의 허상을 정확하게 짚어내는 역할을 해준다. "속내 들키지 않으려/허기를 채워주는 말/밥이나 먹자" 등이 시인과 세계와의 갈등을 조장하고 또한 깊고 치열한 사랑과 생명을 이야기한다. 감춘 상처와 눈빛에 젖은 절망을 시로 극복하고자 김용식 시인은 그 열망을 시로 펼쳐낸다.

시에서 시적 화자는 집단의 다수성에서 자아를 잃고 모호하게 존재하는 것이 아니라 사회 구성원이나 가족의 한 구성원으로서 그 존재가치를 확인하고 또 확인받고 싶어 한다. 사랑을 내재한 "밥이나 먹자"는 따뜻한 목소리가 불화 속에서 더 이상 고독한 존재로, 존재하지 않기를 바라는 뜻에서 손을 내밀면, "그래, 먹자" 하고 불화 너머의 불화를 깨쳐버리고 열망의 저편으로 손을 뻗는다. 시인은 저편의 이상을 위해 척박한 이쪽의 이상도 사랑으로 갈구하게 된다. 단절된 대화와 현실을 초극하는 시인의 운명이 사랑을 환대하고 혁신하는 게 아닐까 하는 추측을 조심스럽게 해본다.

> 터를 잡는다는 건
> 나를 녹이는 일
> 관념에 굳어져 가는 것에
> 텃세에 지불되는 에너지는 버겁다
> 끈적함에 익숙지 않으며 쉬이 계산되지 않으니

계산 방식이 다름을 이해하여야 한다

그것은 시간만으로 해결되는 것은 아니다

생소한 무리 속에서 날갯짓이 필요한 건

텃새에게 당하는 공격이나

둥지의 경계가 보이기 때문이다

텃새가 주인 행세하던 시절은 끝났다

쪼아대는 부리마다 갈고리를 물지 마라

뿔 달린 언어들이 주는 상처와 툭툭 뱉어내는 말은

서로의 일상에 그늘만 만들 뿐이다

부딪히는 건 양방향이 되어 강하게 새겨진다

텃새의 텃세는 눈앞에 내놓지 않은 계산법

끼리끼리 펴는 날개도 때론 덫이다

위험은 늘 도사리고 있다

내게 주어진 먹이를 찾아

텃, 세를

텃새로 옮기는 중이다

—「텃, 세」 전문

 이제까지 살펴본 김용식 시인의 작품 중에서 제일 건조하고, 제일 삭막한 작품으로 현대인들의 삶을 잘 드러내고 있다. 생존경쟁이 치열한 현대사회의 구조와 제도적인 환경에서 생존을 가늠하기란 말 그대로 약육강식, 적자생존의 처절한 동물 세계나 다름없다. 일찍이 토마스 피케트의 급격한 불평등 사회에 대한 경고를 담은 보고서가 한국 사회 전체를 뒤흔들고 있는 오늘의 현실에서 보면 경제야말로 우리 사회의 강력한 관심사라는 것을 부인할 길이 없다. 이러한 양상은 거대한 자본이 지역 자본을 밀어내는 결과에서 짐작할 수 있다. 말 그대로 "텃세에 지불되는 에너지는 버"겁고 "텃새에게 당하는 공격"이나 "텃새가 주인 행세하던 시절은 끝"이 난 것이다.

"텃새"와 "텃세"는 갑과 을의 관계로, 회사와 노동자의 관계로, 거대 자본과 지역 소자본의 관계로, 토착민과 이주민의 관계로, 자본을 서서히 잠식하거나 인권을 유린하는 '버거운 에너지'와 '보이지 않는 둥지의 경계'로 터를 잡거나 계산 방식이 다른 부류의 대상들이다. 그들은 너무 경제적이어서 "관념에 굳어져 가는 것"에 너무 약삭빠르다. 그래서 서로간에는 "눈앞에 내놓지 않은 계산법"이 있어 그들은 그들만의 계산법으로 산다. "때론 덫"을 놓거나 새로운 먹이를 찾아 "텃, 세를/텃새로 옮기는 중"이기도 하다. 작금의 경제구조는 텃새와 텃세로 이루어져 있다고 해도 과언이 아니다.

앞에서 살펴본 김용식 시인의 시 작품들은 순간의 충동이나 의욕으로 쓰이지 않았다. 김용식 시인의 시에는 시인으로서의 김용식이 있고, 그의 시는 사라지는 기억과 존재에 대한 철학적인 사유가 단편적인 일반론의 수준의 것이 아니라 생경하고 참신하게 형상화된 작품성을 확보하고 있다. 김용식의 시들이 돌발적인 작위가 아니고 대상물에 대한 집착과 포용을 통해 오랜 시간 속에서 숙성된 작품이라는 점에서도 시적 자아의 확립은 독보적이라 할 수 있다. 특히 시적 자아의 핍진성이라는 측면에서 별다른 거부감을 내포하지 않는 사실에서 김용식 시인의 시에 대한 외연이 시적 진실을 아우르고 있다 하겠다.

　김용식 시인의 시집 『꽃도 아닌 것이 꽃이라는 이름을 달고』는 고독과 존재와 은유의 언어들이 빚은 존재론적 관점에서 상실과 파괴를 넘나들며, 다시 생성되는 기억이나 생명을 서정적 경치와 잘 배치시켜 낸다. 시인은 삶의 불확실성이 도래하는 시점에서 도피하거나 회피하지 않고, 오히려 그 고난을 통해 삶을 시로 재조명하는 시인으로서의 역할을 꾸준히 해왔다. 그래서 시인은, 시를 시로 만드는 데, 인생을 인생으로 만드는 것이 무엇인가 하는 사유를 항상 멈추지 않는다. 김용식 시인은 시적인 것을 초월하는 사랑과 인생의 비전을 냉철하게 확인하려고 노력한다. 이러한 모습과 자세가 바로 김용식의 시가 우리 시대의 자아와 세계의 대결에서 이긴 서정시의 모범으로 다시 올려다봐야 하는 중요한 까닭이며, 우리가 앞으로 계속 그의 행보를 주시해야 할 이유이기도 하다.

문학의전당 시인선 399

꽃도 아닌 것이 꽃이라는 이름을 달고

ⓒ 김용식

초판 1쇄 인쇄	2025년 11월 7일
초판 1쇄 발행	2025년 11월 14일
지은이	김용식
펴낸이	고영
디자인	헤이존
펴낸곳	문학의전당
출판등록	제448-251002012000043호
주소	충북 단양군 적성면 도곡파랑로 178
전화	043-421-1977
전자우편	sbpoem@naver.com

ISBN 979-11-5896-720-8 03810

*이 책의 판권은 지은이와 문학의전당에 있습니다.
*양측의 서면 동의 없는 무단 전재 및 복제를 금합니다.
*잘못 만들어진 책은 바꿔드립니다.